Made in the USA
Coppell, TX
03 April 2020

18307957R00056